BEI GRIN MACHT SICH IHR WISSEN BEZAHLT

AF151364

- Wir veröffentlichen Ihre Hausarbeit, Bachelor- und Masterarbeit

- Ihr eigenes eBook und Buch - weltweit in allen wichtigen Shops

- Verdienen Sie an jedem Verkauf

Jetzt bei www.GRIN.com hochladen und kostenlos publizieren

Ernst Probst

Lucrezia Borgia - Die schöne Tochter eines Papstes

GRIN Verlag

Bibliografische Information der Deutschen Nationalbibliothek:

Die Deutsche Bibliothek verzeichnet diese Publikation in der Deutschen National-
bibliografie; detaillierte bibliografische Daten sind im Internet über http://dnb.d-
nb.de/ abrufbar.

Impressum:

Copyright © 2011 GRIN Verlag, Open Publishing GmbH
Druck und Bindung: Books on Demand GmbH, Norderstedt Germany
ISBN: 978-3-640-90034-3

Dieses Buch bei GRIN:

http://www.grin.com/de/e-book/170902/lucrezia-borgia-die-schoene-tochter-eines-
papstes

GRIN - Your knowledge has value

Der GRIN Verlag publiziert seit 1998 wissenschaftliche Arbeiten von Studenten, Hochschullehrern und anderen Akademikern als eBook und gedrucktes Buch. Die Verlagswebsite www.grin.com ist die ideale Plattform zur Veröffentlichung von Hausarbeiten, Abschlussarbeiten, wissenschaftlichen Aufsätzen, Dissertationen und Fachbüchern.

Besuchen Sie uns im Internet:

http://www.grin.com/

http://www.facebook.com/grincom

http://www.twitter.com/grin_com

*Gemälde der Göttin Flora
von Bartolomeo Veneto (um 1480–1530),
früher fälschlicherweise als Porträt
von Lucrezia Borgia (1480–1519) gedeutet*

Meinen Tanten gewidmet:

Anna Probst
Gertraud Reiml
Josefa Zimmermann

Vanozza de' Cattanei (um 1442–1518).
Ausschnitt aus einem Porträt
von Innocenzo Francucci (um 1490–um 1550),
Original in der Galleria Borghese, Rom

Lucrezia Borgia

Die schöne Tochter eines Papstes

Die seltene Ehre, die berühmteste Tochter eines Kardinals und späteren Papstes gewesen zu sein, gebührt Lucrezia Borgia (1480–1519). Sie war zwölf Jahre alt, als man am 11. August 1492 ihren Vater Roderic Llancol i de Borja (1431–1503) zum geistlichen Oberhaupt der katholischen Kirche wählte. Der neue Stellvertreter Jesu Christi auf Erden, dessen italienischer Name Rodrigo Borgia lautete, nannte sich Papst Alexander VI. Er gilt als einer der schillerndsten Päpste und skrupelloser Machtpolitiker. Lucrezia stieg durch Heirat zur Herzogin auf. Man verleumdete sie als Femme fatale, machthungrig, über Leichen gehend und Giftmischerin. Entgegen zeitgenössischen Verleumdungen führte sie vermutlich einen soliden Lebenswandel.

Lucrezia Borgia wurde am 18. April 1480 von der damals ungefähr 38 Jahre alten Vanozza de' Cattanei (um 1442–1518) in Rom oder in Subiaco zur Welt gebracht. Vanozza war damals die Geliebte des 49-jährigen Kardinals Rodrigo Borgia. Sie lernte Rodrigo vermutlich im Winter 1473 oder im ersten Halbjahr 1474 nach dessen Rückkehr aus Spanien kennen, wo er als Legat im Auftrag von Papst Sixtus IV. (1414–1484) politische

Juan Borgia (um 1574 / 1476–1497).
Es wird spekuliert, sein Bruder Cesare habe ihn ermordet.

Verhandlungen geführt hatte. Über Rodrigo hieß es, er habe schöne Frauen genauso angezogen wie ein Magnet die Eisenspäne. Die Borgia gehörten einem spanischen Adelsgeschlecht aus Xàtivia bei Valencia in Ostspanien an.

Als Familiennamen der Mutter von Lucrezia findet man in der Literatur die Schreibweisen Cattanei, Catanei, Cataneis, Cathaneis und dei Cattanei. Der Vorname der Mutter wird oft auch Vannoza geschrieben. Für den Vornamen der Tochter Lucrezia existierte die lateinische Schreibweise Lucretia und die spanische Lucrecia.

Zur Zeit der Geburt von Lucrezia besaß deren Vater Rodrigo Borgia bereits hohe kirchliche Ämter. Sein Onkel Alonso Borgia (1378–1458), seit 1455 Papst Kalixt III., hatte ihn 1455 zum Kardinal und 1456 zum Vizekanzler der römischen Kirche ernannt. In dieser Funktion diente er vier Päpsten.

Rodrigo Borgia zeugte zahlreiche Kinder. Sein Sohn Pedro Luiz (um 1460–1488) sowie die beiden Töchter Girolama (1469–1483) und Isabella (1470–1541) stammten aus einer frühen Verbindung. Rodrigo war noch Kardinal, als er die rund zehn Jahre jüngere Vanozza de' Cattanei, die vermutlich die Tochter eines Malers namens Jacopo aus dem Ponte-Viertel in Rom war, kennen und lieben lernte. Wie Porträts von Vanozza bezeugen, hatte diese ein ovales Gesicht, eine lange, schmale Nase und einen kleinen schön geformten Mund. Aus der Verbindung zwischen Vanozza und Rodrigo Borgia gingen die Söhne Cesare (1475–1507), Juan (um 1474/1476–1497), die Tochter Lucrezia und der Sohn Joffré (1481/1482–1517) hervor. 1492 kam

Papst Alexander VI. (1431–1503).
Porträt von Cristofano dell'Altissimo (1525–1605),
Original im Corridoio Vasariano in Florenz.

die Tochter Laura zur Welt, die Rodrigo mit seiner jungen Geliebten Giulia Farnese (1474–1524) gezeugt hatte. In jenem Jahr wurde Rodrigo Borgia am 11. August 1492 zum Papst Alexander VI. gewählt, wobei – was typisch für jene Zeit war – der Ämterkauf (Simonie) eine Rolle spielte. Der Papstname soll offen auf den Eroberer Alexander den Großen (356–323 v. Chr.) angespielt und seinen Machtanspruch dokumentiert haben. 1498 wurde ein Junge namens Giovanni geboren, der vielleicht einer Affäre des nunmehrigen Papstes Alexander VI. mit einer unbekannten Frau entsprang.

Erster Ehemann von Vanozza wurde 1474 Domenico d'Arignano, ein Verwaltungsbeamter des Kirchenstaates, der – wie bereits Zeitgenossen augenzwinkernd bemerkten – oft auf Reisen war. Diese Ehe soll vor der Geburt von Cesare Borgia arrangiert worden sein, um die tatsächliche Vaterschaft des Kardinals Rodrigo Borgia zu vertuschen. Nach dem Tod von Domenico d'Arignano 1480 verheiratete der Kardinal seine Geliebte Vanezza mit Giorgio di Croce, einem aus Mailand stammenden apostolischen Sekretär von Papst Sixtus IV. Ebenfalls 1480 kam Lucrezia zur Welt. Möglicherweise war der 1481 geborene Sohn Joffré Borgia gar nicht ein Sohn des Kardinals, sondern die Folge eines „Seitensprungs" von Vanozza mit ihrem zweiten Gatten. Das Ehepaar di Croce wohnte auf einem Weingut in Nähe von San Petro in Vincoli und hatte einen gemeinsamen Sohn namens Ottavio. Auf diesem Weingut verbracht Lucrezia ihre ersten Lebensjahre zusammen mit ihren älteren Geschwistern. Nach dem Tod von Giorgio di Croce, dem der Sohn Ottavio kurz

Giulia Farnese (1474–1524) mit Einhorn.
Porträt von Raffaello Sanzio (1483–1520) von 1505

darauf folgte, schloss Vanozza im Juni 1486 eine dritte Ehe mit Carlo Canale, dem ehemaligen Sekretär des Kardinals Francesco Gonzaga (gestorben 1483). Ende der 1480-er Jahre erlosch das sexuelle Interesse von Rodrigo Borgio an Vanozza.

Kardinal Rodrigo Borgia verhielt sich entgegen einer in katholischen Kirchenkreisen ungeschriebenen Regel, wonach ein Kleriker, der fleischlich sündigte, das ohne Aufsehen tun sollte. Er bekannte sich öffentlich zu seinen Vaterschaften und ließ sie später sogar notariell anerkennen. Damit war Vanozza offiziell als Mutter anerkannt. Ihr ehemaliger Liebhaber versorgte sie sogar noch weiter großzügig, nachdem er 1492 Papst geworden war. Die finanziellen Zuwendungen erlaubten es Vanozza, wie eine Adelige zu leben, was sie von Geburt her sicherlich nicht war. Im Laufe der Zeit wurde sie vermögend. Ihr gehörten in Rom drei Herbergen und mehrere Wohnhäuser. Außerdem arbeitete sie erfolgreich als Pfandleiherin.

1489 heiratete die 15-jährige Julia Farnese – wie bereits bei ihrer Geburt vereinbart – ein Mitglied der Familie Orsini. Ihr Bräutigam war der 13-jährige Orso Orsini, genannt „der Einäugige". Die von den Familien Farnese und Orsini arrangierte Hochzeit fand im Palast des Vormunds von Orso Orsini, nämlich des Kardinals Rodrigo Borgia, statt. Bei dieser Gelegenheit erkor der damals 57-jährige Kardinal die 15-jährige Julia zu seiner Geliebten. Seine unehelichen Kinder aus der Verbindung mit Vanozza de' Cattanei kamen in die Obhut von Adriana Mila Orsini. Diese war eine verwitwete Cousine von Papst Alexander VI. und zugleich Mutter von Orso

11

Orsini sowie Schwiegermutter von Giulia. Rodrigos Tochter Lucrezia und seine Geliebte Giulia wurden enge Freundinnen.

Lucrezia entwickelte sich zu einem attraktiven Mädchen. Sie besaß eine anmutige Gestalt, schön geschnittene Nase, blonde Haare, strahlend weiße Zähne, einen schlanken Hals, gut geformten Busen und war sehr gebildet. Sie lernte Griechisch, Französisch und Spanisch. Mit Latein tat sie sich angeblich schwer.

Rodrigo Borgia nutzte seine Kinder für seine machtpolitischen Interessen. 1491 verheiratete der Kardinal seine elfjährige Tochter Lucrezia erstmals in Stellvertretung (per procurationem) mit Don Cherubin Juan de Centelles, einem Angehörigen des alten spanischen Adelsgeschlechtes der Grafen von Oliva. Bald war Rodrigo eine Heirat mit diesem spanischen Adligen, den Lucrezia nie kennen lernte, nicht mehr gut genug. Noch bevor diese Verbindung aus machtpolitischen Gründen aufgelöst wurde, arrangierte Rodrigo eine zweite Hochzeit in Stellvertretung (per procurationem) mit dem spanischen Adligen Don Gasparo von Procida und Aversa, dem Sohn des Grafen von Procida. Diese nicht vollzogene Ehe wurde 1492 wiederum aus machtpolitischen Gründen für ungültig erklärt.

Ebenfalls im Jahr 1492 brachte Guilia Farnese eine Tochter von Kardinal Rodrigo Borgia zur Welt. Dieses Mädchen erhielt den Vornamen Laura und war eine Halbschwester von Lucrezia. Spöttische Römer bezeichneten die junge Geliebte des Kardinals und Vizekanzlers des Papstes als „Braut Christ", ein Begriff, der eigentlich Nonnen vorbehalten war.

Bald folgte eine weitere Verlobung von Lucrezia mit dem italienischen Adligen Giovanni Sforza (1466–1510), dem Grafen von Pesaro und Neffen des einflussreichen Herzogs Ludovico Sforza (1452–1508), genannt „il Moro". Damit sollten die Beziehungen der Borgia zur mächtigen Mailänder Familie der Sforza gestärkt werden. Der mittlerweile päpstliche Vater von Lucrezia wollte sich durch diese Heirat beim mailändischen Kardinal Ascanio Sforza (1455–1505), der ihn bei seiner Papstwahl tatkräftig unterstützt hatte, bedanken. Alexander VI. beruhigte den lautstark auf die Einhaltung des Verlobungsvertrages pochenden Grafen von Procida mit einer Abstandssumme von 3000 Dukaten.

Auch nach der Wahl von Kardinal Rodrigo Borgia zum Papst Alexander VI. riss die Verbindung zu seiner ehemaligen Geliebten nicht ganz ab. Angeblich verstand es Vanozza immer wieder, ihn an sich zu fesseln. Zahlreiche bis heute erhalten gebliebene Liebesbriefe zunächst an den verliebten Kardinal und später auch an den alternden Papst enthalten mehr oder minder feinfühlige Bitten von Vanozza.

Am 2. Februar 1493 fand die dritte Hochzeit in Stellvertretung (per procurationem) zwischen der fast 13-jährigen Lucrezia und dem 26-jährigen Giovanni Sforza statt. Es gab keine Hochzeitsnacht, weil der Bräutigam noch in der Nacht abreiste. Zeitgenossen beschrieben Giovanni als blond, blauäugig, cholerisch, nicht besonders, intelligent, mürrisch, habgierig und feige. Er soll sogar am frühen Tod seiner ersten Ehefrau Maddalena Gonzaga (1472–1490), die er misshandelt haben soll, nicht ganz unschuldig gewesen sein.

Angebliches Porträt
von Giovanni Sforza (1466–1510)

1493 ernannte Papst Alexander VI. den 25-jährigen Alessandro Farnese (1468–1549), den Bruder seiner Geliebten Guilia Farnese, zum Kardinal. Das erstaunte römische Volk verhöhnte den jungen Kardinal, der seinen Aufstieg den Liebeskünsten seiner Schwester verdankte, als „Cardinal Gonella" („Kardinal Röckchen") oder „Cardinal Fregnare" („Kardinal Möse").

Im Frühjahr 1494 forderte König Karl VIII. von Frankreich (1470–1498) die Krone von Neapel. Hierzu hatten die Borgia und die Sforza unterschiedliche Auffassungen. Dies führte dazu, dass die Borgia eine Auflösung der Ehe von Lucrezia mit Giovanni Sforza forderten.

Im Mai 1494 heiratete der etwa 12-jährige Joffré Borgia, der jüngere Bruder von Lucrezia, die ungefähr 16 Jahre alte Adlige Sancha von Aragón (um 1478–1506). Seine Braut war die uneheliche Tochter des Königs Alfons II. von Neapel (1449–1496) aus dem Haus Trastámara. Die temperamentvolle Sancha hatte viele Liebhaber, darunter die älteren Brüder Juan und Cesare ihres jungen und phlegmatischen Ehegatten.

Nach einem Essen am Abend des 14. Juni 1497 in einem Weinberg, zu dem Vanozza Cattanei ihre Kinder eingeladen hatte, wurde ihr Sohn Juan Borgia ermordet und gegen zwei Uhr nachts in den Tiber geworfen. Zwei Tage später fand man seinen Leichnam mit auf den Rücken gebundenen Händen, neun Dolchstichen und durchgeschnittener Kehle. Über diesen Mord ist viel spekuliert worden.

Am 20. Dezember 1497 wurde die Ehe von Lucrezia mit Giovanni Sforza wegen angeblicher Impotenz des

Joffré Borgia (1481 / 1482–1517).
Porträt eines unbekannten Künstlers

Gatten geschieden. Der wütende Giovanni Sforza revanchierte sich mit der Behauptung, die Ehe sei nur aufgelöst worden, damit der Papst und Cesare ungestört Blutschande mit Lucrezia treiben könnten. Angeblich soll der heimlich geborene Giovanni Borgia (1498–1548), genannt „Infans Romanus", der in zwei Bullen einmal als Sohn von Alexander VI. und einmal als Sohn von Cesare erwähnt wird, aus dieser Verbindung hervorgegangen sein. Laut einer anderen Theorie soll das Kind aus einer Affäre von Lucrezia mit dem Boten Perotto ihres Vaters stammen. Als wahrscheinlicher gilt aber, dass dieser Junge ein Halbbruder von Lucrezia gewesen ist, den der Papst mit einer unbekannten Frau zeugte.

Ein halbes Jahr nach der Scheidung ihrer Ehe mit Giovanni Sforza wurde die 18-jährige Lucrezia am 20. Juni 1498 mit dem etwa gleichaltrigen Herzog Alfonso von Aragón, Herzog von Bisceglie (1481–1500), verheiratet. Dieser war ein illegitimer Sohn des abgedankten Königs Alfonso von Neapel, ein Neffe des Königs Federigo von Neapel (1467–1496) aus dem Haus Trastámara und der Bruder von Sancha von Aragón. Durch jene Ehe sollte eine Verbindung der Borgia zu Neapel und Spanien geschaffen werden. Die Ehe von Lucrezia mit Alfonso von Aragón (auch Alfonso von Bisceglie genannt) verlief sehr glücklich. Lucrezia verstand sich auch mit ihrer Schwägerin Sancha von Aragón sehr gut.

Papst Alexander VI. ernannte 1499 seine Tochter Lucrezia zur Herrscherin von Spoleto und Foligno. Diese Maßnahme teilte er am 8. August 1499 den beiden

Papst Alexander VI.
Ausschnitt aus einem Fresko
von Pinturicchio (1454–1513)
von 1492–1495

Städten mit. Danach ernannte er Lucrezia auch zur Herrscherin von Nepi. Am 1. November 1499 brachte Lucrezia in Rom, wohin sie aus Nepi zusammen mit ihrem Ehemann gekommen war, ihren Sohn Rodrigo (1499–1512) zur Welt, der später Herzog von Bisceglie wurde.

Ende April 1500 kursierte in Rom ein Flugblatt, das ein Sündenregister von Papst Alexander VI. enthielt und dem „Unbußfertigen" seinen baldigen Tod prophezeite. Tatsächlich tobte am 29. Juni 1500 in Rom ein starker Sturm, der die Decke des Palastes und den Baldachin des Papstes einstürzen ließ. Weil der Stützbalken des Baldachins standhielt, erlitt der Papst aber nur einige Abschürfungen. Ein Gerücht besagte, der Papst sei wohl mit dem Teufel, mit dem er im Bunde gestanden haben soll, etwas zu heftig aneinandergeraten.

Um 1500 hatte sich die politische Situation grundlegend geändert. Papst Alexander VI. führte jetzt Streit mit Neapel und Spanien und war nun mit Frankreich verbündet. Im Gegensatz zum Papst und zu Cesare Borgia hielt Alfonso von Aragón zu Spanien und Neapel. Deswegen kam es zu schweren Konflikten. Alfonso wurde am 15. Juli 1500 auf der Straße überfallen und durch Dolchstiche schwer verletzt. Seine Ehefrau Lucrezia und seine Schwester Sancha pflegten Alfonso liebevoll. Als dieser wieder aufstehen konnte, schoss er mit Pfeil und Bogen auf seinen Schwager Cesare Borgia, den er als Anstifter des Anschlags verdächtigte. Aber Alfonso verfehlte. Am 18. August 1500 wurde Alfonso im Bett erwürgt. Der Mord soll – nach Aussagen des Mörders Michelotto, der Cesare als Hauptoffizier diente

Cesare Borgia (1475–1507).
Porträt vermutlich von Giorgione (1478–um 1510),
Original in der
Galleria dell'Accademia Carrara

– auf Befehl des Papstes erfolgt sein. Nach anderen Angaben ließ Cesare seinen Schwager umbringen.

Nicht minder rücksichtslos als Papst Alexander VI. verhielt sich dessen Sohn Cesare Borgia. Dieser war bereits als Siebenjähriger „Apostolischer Protonotar", mit 16 ohne Priesterweihe Bischof von Pamplona, mit 17 Metropolitanerzbischof von Valencia sowie mit 18 Kardinal geworden. Bald nach dem gewaltsamen Tod seines Bruders Juan hatte er 1498 die geistliche Laufbahn aufgegeben und 1499 die französische Königstochter Charlotte d'Albret (gest. 1514) geheiratet, was ihm das Herzogtum Valence als Lehen einbrachte. Danach hatte er mit Gewalt ein Herzogtum in der Romagna geschaffen und vergeblich versucht, ein mittel- und oberitalienisches Königreich zu gründen, was sich mit französischen Interessen deckte.

Der skrupellose Cesare Borgia diente dem italienischen Geschichtsschreiber Nicoló Machiavelli (1469–1527) in seinem Werk „Il Principe" („Der Fürst") als Vorbild für einen bedenkenlosen Machtpolitiker. Auf das Konto von Cesare gehen etliche mit Gift oder Dolch begangene Morde an politischen Gegnern. Mit seinem Namen sind auch sexuelle Ausschweifungen verbunden.

Nach dem Mord an Herzog Alfonso von Aragón zog sich dessen knapp 20 Jahre alte trauernde Witwe Lucrezia auf ihr Schloss in Nepi zurück. Obwohl ihre Ehe arrangiert gewesen war, soll sie eine Liebesbeziehung gewesen sein. Bald darauf kehrte Lucrezia aber wieder nach Rom zurück.

1501 plante Papst Alexander VI. die Ehe seiner verwitweten Tochter mit Alfonso I. d'Este, Herzog von

Nicoló Machiavelli (1469–1527).
Ausschnitt aus dem Porträt
von Santi di Tito (1536–1603)

Ferrara (1476–1534), der vier Jahre älter als Lucrezia war. Alfonso I. und sein Vater Ercole I. d'Este (1431–1505) zeigten sich zunächst gegenüber diesem Plan sehr abgeneigt. Sie hielten es für unter ihrem Stand, mit den Borgia eine solche Verbindung einzugehen. Schließlich war Lucrezia eine uneheliche Papsttochter und galt nicht als gute Partie. Doch Papst Alexander VI. konnte die Este angesichts der Bedrohung durch Cesare Borgia in der Romagna erpressen sowie durch eine hohe Mitgift von 300.000 Dukaten, günstige päpstliche Belehnungen und andere Vergünstigungen gewinnen.

Am 30. Dezember 1501 erfolgte die Hochzeit von Lucrezia Borgia und Alfonso I. d'Este. Rund eine Woche später verließ Lucrezia am 6. Januar 1502 mit großem Gefolge Rom. Bei ihrem Auszug wurde sie von sämtlichen Kardinälen und Abgeordneten bis zur „Porta de Popolo" begleitet. Lucrezia musste ihren kleinen Sohn Rodrigo bei ihrer Schwägerin Sancha von Aragón in Rom zurücklassen. Die kinderlose Sancha mochte den kleinen Rodrigo sehr und nahm ihn später nach dem Tod von Papst Alexander VI. mit nach Neapel.

Der junge Ehemann Alfonso I. d'Este, dem man Lucrezia als Gattin aufgedrängt hatte, vergnügte sich tagsüber bei Mätressen und Prostituierten, verbrachte jedoch die Nacht regelmäßig bei ihr. Schwägerin von Lucrezia war Isabella d'Este (1474–1539), die der Poet Nicoló da Corregio (1450–1508) als „die erste Dame der „Welt" („la prima donna del mondo") feierte. Isabella war bereits als Sechsjährige aus politischen Gründen mit dem ältesten Sohn des Markgrafen von Mantua, Francesco Gonzaga II. (1466–1519) verlobt und als 16-

Alfonso I. d'Este,
Herzog von Ferrara (1476–1534).
Porträt von
Dosso Dossi (1490–1542)

jährige mit ihm verheiratet worden. Am Hof ihres Ehegatten in Mantua förderte sie die Künste und die Wissenschaft. Bereits gestorben war Lucrezias Schwägerin Beatrice d'Este (1475–1497), die 1491 Ludovico Sforza, genannt „il moro" („der Dunkle" oder „der Mohr"), geheiratet hatte, der von 1494 bis 1499 Herzog von Mailand gewesen war, ehe er durch König Ludwig XII. von Frankreich (1462–1515) vertrieben, nach Frankreich gebracht wurde und dort in Haft starb.

Schilderungen über sexuelle Orgien am Hof von Papst Alexander VI. haben vielleicht nur in der Phantasie seiner Gegner stattgefunden. Ein von Cesare Borgia im Vatikan veranstaltetes Gelage mit 50 Dirnen, das zur Orgie ausartete, bei welcher angeblich Papst Alexander VI. und Lucrezia zugesehen haben sollen, könnte – wenn überhaupt – erst stattgefunden haben, als sich Lucrezia bereits am Hof von Ferrara aufhielt. Bei dieser Orgie tanzten angeblich die Dirnen nach dem Mahl nackt mit Dienern und anderen Männern, krochen auf dem Boden zwischen brennenden Kerzenleuchtern umher und sammelten ausgestreute Kastanien. Männer, die am häufigsten den Akt vollzogen, sollen mit Preisen belohnt worden sein.

Am 5. September 1502 brachte Lucrezia eine totgeborene Tochter zur Welt. Vermutlich in jenem Jahr hat der Künstler Filippino Lippi (um 1457–1504) ein Wachsmodell geschnitten, das auf einer der beiden Seiten ein Bild der Herzogin von Ferrara zeigt. Dieses Wachsmodell diente für die Herstellung einer Schaumünze, die 1505 in Bologna geprägt wurde.

Ercole I. d'Este (1475–1497).
Herzog von Ferrara und Modena

Isabella d'Este (1475–1497).
Porträt von Tizian (1490–1576) um 1534–1536

Beatrice d'Este (1475–1497). Gemälde von
Ambrogio de Predis (um 1455–nach 1508) um 1490

Ludovico Sforza (1452–1508).
Ausschnitt aus einem Altarbild

*Bild links: Selbstporträt
von Filippino Lippi (um 1457–1504) um 1481/1482,
Original im Freskenzyklus der Brancacci-Kapelle
in Santa Maria del Carmine in Florenz,
Martyrium des heiligen Petrus*

*Bilder rechts: Schaumünze mit Porträt von Lucrezia Borgia,
die 1505 in Bologna geprägt wurde, Bilder rechts*

Der stark übergewichtige Alexander VI. feierte am 11. August 1503 weniger imposant als sonst sein Jubiläum zur Papstwahl. In jenem Sommer herrschte eine Hitze in Rom, die bereits eine Reihe wohlbeleibter Männer hinweggerafft hatte. Am nächsten Morgen erbrach sich der Papst und nachmittags bekam er Fieber. Die Nachricht hierüber ging wie ein Lauffeuer durch Rom und man spekulierte über einen Giftanschlag. Überraschenderweise erholte sich der Papst zunächst. Doch in der Nacht vom 17. auf den 18. August 1503 erlitt er einen schweren Rückfall. Schnell stieg das Fieber an und es kam zu Atemlosigkeit und Bewusstlosigkeit. Alexander VI. starb in den Abendstunden des 18. August 1503 im Alter von 72 Jahren in Rom.

Es hieß, der Körper des toten Papstes sei innerhalb kürzester Zeit unnatürlich aufgequollen, habe sich schwarz verfärbt und übelriechende Flüssigkeiten abgesondert. Manche Zeitgenossen betrachteten dies als Bestätigung dafür, dass der Papst vergiftet worden und seine Seele vom Teufel geholt worden sei. In Wirklichkeit hatten nur wenige Menschen den Leichnam mit eigenen Augen gesehen. Die vom päpstlichen Zeremonienmeister Johannes Burckard (um 1450–1506) in seinen Aufzeichnungen erwähnte rasche Zersetzung des Körpers war aber vermutlich im damals heißen römischen Sommer nichts Ungewöhnliches.

Nach Ansicht zahlreicher Gegner von Alexander VI. konnte dieser nicht eines natürlichen Todes gestorben sein. Für einen vermeintlichen Giftmord gab es zwei Versionen. Laut einer Version wollten Alexander VI. und sein Sohn Cesare beim Gastmahl jemand anderen

Büste von Papst Alexander VI.
aus dem Ende des 15. Jahrhunderts,
1945 durch Kriegseinwirkung beschädigt.
Original in der Skulpturensammlung
des Bode-Museums, Berlin

vergiften, doch das Gift soll von einem Diener verwechselt und den beiden Borgia serviert worden sein. Laut der anderen Version soll Kardinal Adriano Castellesi (um 1460–um 1521) mit der Vergiftung des Papstes seiner eigenen Ermordung zuvorgekommen sein. Als wahrscheinlicher gilt heute, dass Alexander VI. an Malaria starb.

Nachfolger von Papst Alexander VI. wurde 1503 zunächst Papst Pius III. (1439–1503). Auf ihn folgte nach kurzer Zeit – ebenfalls 1503 – Papst Julius II. (1443–1513). Cesare Borgia war zwar ein sehr fähiger Staatsmann und Kriegsherr, schaffte es aber nicht, seine Herrschaft noch vor dem Tod seines Vaters und Schirmherrn Papst Alexander VI. zu sichern. Seine Gegner unter Papst Julius II. ließen ihn gefangen nehmen.

1504 verbannte man Cesare Borgia nach Spanien. Er musste seine Eroberungen zurückgeben.

1505 trat Alfonso I. d'Este, der Ehemann von Lucrezia, die Nachfolge seines verstorbenen Vaters Ercole I. als Herzog von Ferrara, Modena und Reggio an. In jenem Jahr gebar Lucrezia erstmals einen Stammhalter namens Alessandro, der jedoch nach wenigen Wochen starb.

1505 glückte Cesare Borgia die Flucht aus einem spanischen Gefängnis. Daraufhin verbündete er sich mit seinem Schwager Jean d'Albret (1469–1516), dem König von Navarra. Als Soldat im Dienste von Navarra geriet Cesare 1507 während der Belagerung von Viana (Kastilien) in einen von ihm erkannten, aber ignorierten Hinterhalt und wurde erschlagen.

HERCVLES ESTENSIS, Ferraria pulchra, secundi
Hæc quarti, e Ducibus forma fuitque, tuis.

Herzog Ercole II. d'Este (1508–1559).
Porträt vermutlich
von Dominicus Custos (nach 1550–1612)

Der Ruf und das Ansehen von Cesare Borgia werden heute von Geschichtsforschern differenzierter betrachtet als früher. Historische Dokumente lassen vermuten, dass sein schlechter Ruf teilweise auf Übertreibungen seiner Feinde beruht. Die Borgia besaßen wegen ihrer spanischen Herkunft in den Augen der alteingesessenen italienischen Familien allgemein ein schlechtes Ansehen. Man sah die Borgia als eine Art Mafia an, die sich in Ämter und Hierarchien einkauften und systematisch ihre eigenen Verwandten in wichtige Stellungen brachten. Die gegen Cesare vorgebrachten Anschuldigungen der Günstlingswirtschaft, der sexuellen Ausschweifung und der Grau-samkeit waren in der Renaissance typische Begleitformen aller feudalen Herrschaft und keineswegs auf die Borgia beschränkt.

Am 4. April 1508 schenkte Lucrezia einem Sohn, dem späteren Herzog Ercole II. d'Este (1508–1559), und am 25. August 1509 dem Sohn Ippolito (1509–1572) das Leben. Ercole II. regierte 1534 als Nachfolger seines Vaters, Ippolito wurde 1538/1539 Kardinal und war mehrfach Kandidat bei Papstwahlen. Nach der Geburt ihrer Söhne galt Lucrezia als unangefochtene Herzogin von Ferrara. Ihr Mann respektierte und liebte sie inzwischen.

Die geistvolle Lucrezia zog namhafte Dichter und Gelehrte an den Hof von Ferrara, Modena und Reggio. Dazu gehörten unter anderem der Humanist und Dichter Ercole Strozzi (1472–1508) und der Dichter Ludovico Ariosto (1474–1533), der das größte Epos der Renaissancezeit mit dem Titel „Orlando Furioso" („Der rasende Roland", 1516) schrieb.

Ippolito d'Este (1509–1572),
einer der Söhne von Lucrezia

*Lucrezia Borgia auf einem Porträt
von Dosso Dossi (1490–1542) um 1518*

Porträt einer Venezianerin als Lucrezia Borgia.
Gemälde von Lorenzo Lotto (um 1480–1556)
um 1503–1533.
Original in der National Gallery, London

Lucrezia tat sich auch als Unternehmerin hervor. Sie erwarb in Norditalien vermeintlich wertloses Sumpfland, ließ es mit Entwässerungsgräben und Kanälen trockenlegen und nutzte es fortan als Weide- oder Anbauland von Getreide, Bohnen, Oliven, Flachs und Wein. Im Laufe von sechs Jahren kaufte sie in Norditalien bis zu 20.000 Hektar Land und erwirtschaftete damit große Gewinne.

Ab 1512 zog sich die 32-jährige Lucrezia zunehmend aus dem öffentlichen Leben zurück. Über ihre Beweggründe hierzu wurde viel spekuliert. Damals starb ihr Sohn Rodrigo aus ihrer früheren Ehe mit dem von ihr sehr geliebten Alfonso von Aragón. In jener Zeit sollen Gerüchte über seltsame Unglücksfälle im Haushalt der Este kursiert haben. Eventuell flüchtete Lucrezia vor der öffentlichen schlechten Meinung über sie, die ihr nicht verborgen blieb.

Im April 1514 wurde Lucrezia Mutter des Sohnes Alessandro (gestorben 1516), am 3. Juli 1515 der Tochter Eleonora (gestorben 1575) und am 1. November 1516 des Sohnes Francesco (gestorben 1578).

Am 26. November 1518 starb die Mutter von Lucrezia im Alter von 76 Jahren in Rom. Vanozza de' Cattanei stand inzwischen in dem Ruf, eine ehrbare Frau zu sein. In der letzten Phase ihres Lebens hatte sie sich als Stifterin und Wohltäterin hervorgetan, die viele karitative Einrichtungen unterstützte. Offenbar hatte sie gehofft, durch „Werke der Barmherzigkeit" ihre einst begangenen „Sünden" sühnen zu können. Ihr Begräbnis stand dem eines Kardinals nicht nach. Viele angesehene Bürger von Rom und des Hofstaates von Papst Leo X.

Kardinal Pietro Bembo (1470–1547),
Porträt von Tizian (1490–1576) um 1540,
Original in The National Gallery of Art,
Washington, DC, USA

Gianfrancesco II. Gonzaga (1466–1519),
Markgraf von Mantua.
Original des Porträts
im Schloss Ambras in Innsbruck

Lucrezia Borgia.
Porträt von Anselm Feuerbach (1829–1880) um 1865.
Original im Städelschen Kunstinstut, Frankfurt am Main

Lucrezia Borgia.
Porträt eines unbekannten Künstlers

*Lucrezia Borgia
als Heilige Katharina dargestellt.
Porträt von
Pinturicchio (1454–1513)*

erwiesen ihr die letzte Ehre. Vanozza wurde neben ihrem dritten Ehemann Giorgio di Croce sowie ihren Söhnen Juan und Ottavio in der Familienkapelle, die sie in der Kirche „Santa Maria del Popolo" hatte errichten lassen, beigesetzt. Auf der Inschrift ihres Grabsteines stand zu lesen, dass sie die Mutter der vier berühmtesten Kinder von Papst Alexander VI. war. 1594 ließ Papst Clemens VIII. (1536–1605) das Grabmal abtragen. Der Grabstein blieb aber erhalten und wurde später im Portikus der Basilika „San Marco" angebracht.

Im Herbst 1518 erkrankte Lucrezia während einer erneuten Schwangerschaft schwer. Im Beisein ihres Ehemannes Alfonso d'Este starb sie in der Nacht des 24. Juni 1519 im Alter von nur 39 Jahren wenige Stunden nach der Geburt ihres neunten Kindes in Belriguardo bei Ferrara. „Ich gehöre Gott für immer" waren angeblich ihre letzten Worte. Das Neugeborene war eine Tochter, die den Namen Isabella Maria erhielt und kurz danach ebenfalls starb.

Nach dem Tod von Lucrezia dichteten Feinde der Familie Borgia ihr etliche Affären an. Zum Beispiel mit dem Gelehrten und Kardinal Pietro Bembo (1470–1547), der mit einer Geliebten drei Kinder zeugte, und Gian-francesco II. Gonzaga, dem Ehemann ihrer Schwägerin Isabella d'Este. Laut Online-Lexikon „Wikipedia" gehören diese angeblichen Affären jedoch in den Bereich der Legenden und können mit historischen Quellen nicht belegt werden. Das abwechslungsreiche Leben von Lucrezia Borgia diente häufig als Vorlage für Bücher und Filme. Darin erhielt sie oft die Rolle einer Femme fatale. Auch viele Maler wählten

Papst Leo III.
Porträt von Tizian (1490–1576) von 1543
Original in der Galleria Nazionale di Capodimonte,
Neapel

Lucrecia zu ihren Lebzeiten und nach ihrem Tod als Bildmotiv.

Vier Jahre später als Lucrezia starb ihre Halbschwester Guilia Farnese am 23. März 1524 im Alter von rund 50 Jahren in Rom. Sie vermachte fast ihren gesamten Besitz ihrer gemeinsamen Tochter Laura mit dem Papst und ihrem Bruder Allessandro nur ihr Bett als Hinweis auf eine wichtige Ursache für seinen Aufstieg. Alessandro Farnese wurde später als Leo III. zum Papst der Gegenreformation.

An Giulia Farnese – genannt „La Bella" – erinnert ein 1505 von dem italienischen Maler Raffaello Sanzio (1483–1520) geschaffenes Gemälde. Wo sie begraben wurde, ist heute nicht mehr bekannt. Als Abbild von ihr wird eine Statue im Petersdom in Rom gedeutet. Diese wurde von dem Bildhauermeister Guglielmo della Porta geschaffen und ist Teil des links vom Hochaltar befindlichen Grabmals ihres Bruders Papst Paul III. Diese Statue soll so lebendig und voll eroterischer Ausstrahlung gewesen sein, heißt es, dass immer wieder junge Männer vor ihr zu „unsittlichen Handlungen" hingerissen wurden. Der Vatikan ließ um 1600 diese liegende, ursprüngliche nackte Figur mit einem Metallhemd aus Blei bekleiden, das sich noch im 18. Jahrhundert gegen ein Trinkgeld entfernen ließ.

Autor Ernst Probst

48

Der Autor

Ernst Probst, geboren am 20. Januar 1946 in Neunburg vorm Wald im bayerischen Regierungsbezirk Oberpfalz, ist Journalist und Wissenschaftsautor. Er arbeitete von 1968 bis 1971 als Redakteur bei den „Nürnberger Nachrichten", von 1971 bis 1973 in der Zentralredaktion des „Ring Nordbayerischer Tageszeitungen" in Bayreuth und von 1973 bis 2001 bei der „Allgemeinen Zeitung", Mainz. In seiner Freizeit schrieb er Artikel für die „Frankfurter Allgemeine Zeitung", „Süddeutsche Zeitung", „Die Welt", „Frankfurter Rundschau", „Neue Zürcher Zeitung", „Tages-Anzeiger", Zürich, „Salzburger Nachrichten", „Die Zeit", „Rheinischer Merkur", „Deutsches Allgemeines Sonntagsblatt", „bild der wissenschaft", „kosmos", „Deutsche Presse-Agentur" (dpa), „Associated Press" (AP) und den „Deutschen Forschungsdienst" (df). Aus seiner Feder stammen die Bücher „Deutschland in der Urzeit" (1986), „Deutschland in der Steinzeit" (1991), „Rekorde der Urzeit" (1992), „Dinosaurier in Deutschland" (1993 zusammen mit Raymund Windolf) und „Deutschland in der Bronzezeit" (1996). Von 2001 bis 2006 betätigte sich Ernst Probst als Buchverleger sowie zeitweise als internationaler Fossilienhändler und Antiquitäten-händler. Insgesamt veröffentlichte er mehr als 100 Bücher, Taschenbücher, Broschüren, Museumsführer und E-Books.

Literatur

BRADFORD, Sarah: Cesare Borgia. Ein Leben in der Renaissance, Hamburg 1979

DER SPIEGEL: Geschichte, Finanzgenie statt Femme fatale, Erkenntnisse der Historikerin Diane Yvonne Ghirardo von der University of Southern California, Nr. 4, 19. Januar 2009

GEIGER, Ludwig (Herausgeber): Alexander VI. und sein Hof. Nach dem Tagebuch seins Zeremonienmeisters Burcardus, Stuttgart 1912

GREGOROVIUS, Ferdinand: Lucrezia Borgia und ihre Zeit. Neu-Isenburg 2009

GREGOROVIUS, Ferdinand: Lucrezia Borgia, München 1982

GRILLANDI, Massimo : Lucrezia Borgia (aus dem Italienischen übersetzt von Sylvia Höfer), Düsseldorf / Wien / New York 1991

GÜTTICH, Helmut: Die andere Lucrezia Borgia. Eine Fürstenehe in der Renaissance, Berg 1987

HERRMANN, Horst: Die Heiligen Väter. Päpste und ihre Kinder, Berlin 2004

KÖRNER, Hans: Statuenliebe in St. Peter. Rompilger und Romtouristen vor Guglielmo della Portas Grabmal für Papst Paul III., Düsseldorf 1999

LAVATER, Sloman: Lucrezia Borgia und ihr Schatten, Zürich 2009

NEUMAHR, Uwe: Cesara Borgia. Der Fürst und die italienische Renaissance, München 2007

PROBST, Ernst: Superfrauen 1 – Geschichte, Mainz-Kostheim 2001

REICHENBERGER, Kurt / REICHENBERGER, Theo: Der Borgiapapst Alexander VI – Monster oder Märtyrer?, Kassel 2003

SCHÜLLER-PIROLI, Susanne: Die Borgia-Päpste Kalixt III. und Alexander VI., Wien 1979

SCHÜLLER-PIROLI, Susanne: Die Borgia-Dynastie. Legende und Geschichte, München, Oldenburg 1982

VOGT-LÜERSSEN, Maike: 40 Frauenschicksale aus dem 16. Jahrhundert, Mainz-Kostheim 2001

VOGT-LUERSSEN, Maike: Lucrezia Borgia. Das Leben einer Papsttochter in der Renaissance, Norderstedt 2002

VOLKER, Reinhardt: Der unheimliche Papst. Alexander VI. Borgia, München 2007

UHL, Alois: Lucrezia Borgia: Biographie, Düsseldorf 2008

WIKIPEDIA (Online-Lexikon) http://wikipedia.org

ZAPPERI, Roberto: Die vier Frauen des Papstes. Das Leben Pauls III. zwischen Legende und Zensur, München 1997

Bildquellen

Ausschnitt aus einem Altarbild um 1495: 29
Ausschnitt aus einem Fresko in den Appartimenti
Borgia von Pinturicchio (1454–1513) von 1492–1495:
18
Auschnitt aus einem Porträt von Santi di Tito (1536–
1603): 22
Klaus Benz, Fotograf, Mainz-Laubenheim: 48
Kupferstichabbildung der Vorder- und Rückseite
einer „Schaumünze der Lucrezia Borgia von Filippino
Lippi", vermutlich 1502 als Wachsmodell geschnitten,
als Lucrezia Herzogin von Ferrara geworden war,
1505 geprägt in Bologna: 30 rechts (via Wikimedia
Commons), Lizenz: gemeinfrei
Reproduktion eines Porträts von Cristofano
dell'Altissimo (1525–1605), Original im Corridoio
Vasariano in Florenz: 8
Reproduktion eines Porträts vermutlich von
Dominicus Custos (nach 1550–1612): 34
Reproduktion eines Porträts von Anselm Feuerbach
(1829–1880), Original im Städelschen Kunstinstitut,
Frankfurt am Main: 42
Reproduktion eines Porträts von Innocenzo
Francucci (um 1490–um 1550), Original in der
Galleria Borghese, Rom: 4
Reproduktion eines Porträts von Giorgione (1478–
um 1510), Original in der Galleria dell'Academia
Carrara: 20
Reproduktion eines Porträts von Lorenzo Lotto (um
1480–1556) um 1530–1533, Original in der National
Gallery, London

Reproduktion eines Porträts von Pinturicchio (1454–
1513), Geburtsname Bernardino di Betto: 44
Reproduktion eines Porträts von Ambrogio de Predis
(um 1455–nach 1508), Original in der Pinacoteca
Ambrosiana, Mailand: 28
Reproduktion eines Porträts von Raffaello Sanzio
(1483–1520): 10
Reproduktion eines Porträts von Santi di Tito (1536–
1603)
Reproduktion eines Porträts von Bartolomeo Veneto
(um 1480–um 1530): 1
Reproduktion eines Selbstporträts von Filippino
Lippi (um 1457–1504), Original im Freskenzyklus der
Brancacci-Kapelle in Santa Maria del Carmine in
Florenz, Martyrium des heiligen Petrus: 30 links
Reproduktionen von Gemälden: 6, 14, 16, 26, 36, 41
(Original im Schloss Ambras, Innsbruck), 43
Reproduktion von Porträts von Dosso Dossi (1490–
1542): 24, 37
Reproduktion von Porträts von Tizian (1490–1576),
Geburtsname Tiziano Vecelli: 27 (Original im
Kunsthistorischen Museum Wien), 40 (Original in
The National Gallery of Art, Washington, DC. USA),
46 (Original in der Galleria Nazionale di
Capodimonte, Neapel),
Andreas Praefcke: 32 (via Wikimedia Commons,
Lizenz: gemeinfrei (Original der Büste im Bode-
Museum, Berlin)

Bücher von Ernst Probst

Superfrauen 1 – Geschichte
Superfrauen 2 – Religion
Superfrauen 3 – Politik
Superfrauen 4 – Wirtschaft und Verkehr
Superfrauen 5 – Wissenschaft
Superfrauen 6 – Medizin
Superfrauen 7 – Film und Theater
Superfrauen 8 – Literatur
Superfrauen 9 – Malerei und Fotografie
Superfrauen 10 – Musik und Tanz
Superfrauen 11 – Feminismus und Familie
Superfrauen 12 – Sport
Superfrauen 13 – Mode und Kosmetik
Superfrauen 14 – Medien und Astrologie

Superfrauen aus dem Wilden Westen

Königinnen der Lüfte von A bis Z
Königinnen der Lüfte in Deutschland
Königinnen der Lüfte in Frankreich
Königinnen der Lüfte in England, Australien
und Neuseeland
Königinnen der Lüfte in Europa
Königinnen der Lüfte in Amerika

Königinnen des Tanzes

Elisabeth I. Tudor. Die jungfräuliche Königin
Maria Stuart. Schottlands tragische Königin

Christl-Marie Schultes. Die erste Fliegerin in Bayern
(zusammen mit Theo Lederer)
Drei Königinnen der Lüfte in Bayern.
Thea Knorr – Christl-Marie Schultes – Lisl Schwab
(zusammen mit Josef Eimannsberger)
Liesel Bach. Deutschlands erfolgreichste
Kunstfliegerin
Melli Beese. Die erste Deutsche mit Pilotenlizenz
Elly Beinhorn. Deutschlands Meisterfliegerin
Marga von Etzdorf. Die tragische deutsche Fliegerin
Thea Knorr. Eine frühe Fliegerin in München
Angelika Machinek. Eine Segelfliegerin
der Weltklasse
Thea Rasche. The Flying Fräulein
Wilhelmine Reichard. Die erste Ballonfahrerin
in Deutschland
Hanna Reitsch. Die Pilotin der Weltklasse
Lisl Schwab. Eine Kunstfliegerin
aus den 1930-er Jahren
Melitta Gräfin Schenk von Stauffenberg.
Deutsche Heldin mit Gewissensbissen
Beate Uhse. Deutschlands erste Stuntpilotin

Monstern auf der Spur. Wie die Sagen über Drachen,
Riesen und Einhörner entstanden
Affenmenschen. Von Bigfoot bis zum Yeti
Seeungeheuer. Von Nessie
bis zum Zuiyo-maru-Monster

Der Schwarze Peter. Ein Räuber im Hunsrück
und Odenwald
Julchen Blasius. Die Räuberbraut
des Schinderhannes
Hildegard von Bingen. Die deutsche Prophetin
Johann Jakob Kaup. Der große Naturforscher
aus Darmstadt

Der Ball ist ein Sauhund. Weisheiten und Torheiten
über Fußball (zusammen mit Doris Probst)
Worte sind wie Waffen. Weisheiten und Torheiten
über die Medien (zusammen mit Doris Probst)
Schweigen ist nicht immer Gold. Zitate von A bis Z

Bestellungen bei www.grin.com